Luisa Rose

Peter Pan Statue

Notebook / Notizbuch

Bibliografische Information der Deutschen Nationalbibliothek:
Die Deutsche Nationalbibliothek verzeichnet diese Publikation in der Deutschen Nationalbibliografie; detaillierte bibliografische Daten sind im Internet über http://dnb.dnb.de abrufbar.

© 2016 Luisa Rose; 1. Auflage

Covergrafik, Texte und Illustrationen: © Luisa Rose

Herstellung und Verlag: BoD – Books on Demand, Norderstedt

ISBN: 9783743163485

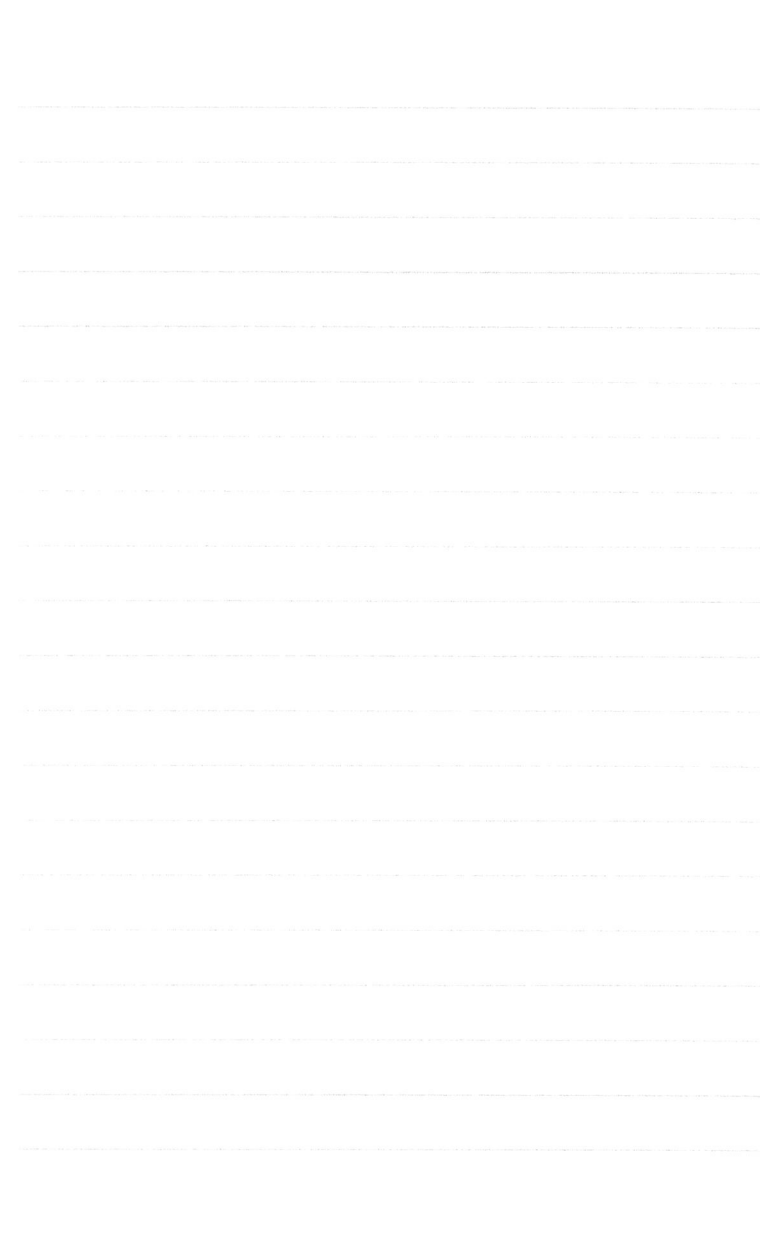

Ausmalbücher von Luisa Rose:

Titel	ISBN
Alice im Wunderland	9783741297502
Blumen und Märchen	9783743102002
Der Struwwelpeter	9783743102699
Die Struwwelliese	9783743102811
Don Quixote	9783743104037
Drei kleine Schweine	9783743104099
Eine Blumenhochzeit	9783743104105
Fröhliche Reigenspiele	9783743104112
Lustige Tanzspiele	9783743104273
Reise ins antike Griechenland	9783743112568
Flucht ins antike Griechenland	9783743112599
Pariser Leben im 19.Jahrhundert	9783743112704
Die Sommerkönigin	9783743112742
Der Schneider und die Krähe	9783743112827
Die Wikinger	9783743113275
Hänsel und Gretel	9783743114265
Max und Moritz	9783743103214
Schnurrdirburr	9783743112834
Mode des 18. und 19. Jahrhunderts	9783743112971
Kostümbilder des 18. und 19. Jahrhunderts	9783743114401
Abenteuer im Bienenland	9783743117051
Griechische Helden der Antike	9783743117709
Märchen alter Zeit	9783743116559

Notizbücher von Luisa Rose:

Titel	ISBN
Drachentöter (Notizbuch)	9783743113077
Natures Wonders (Notizbuch)	9783743113817
Gedankenspiel Notizen (Notizbuch)	9783743113886
Smaragd Notizen (Notizbuch)	9783743114296
Jagd Notizen (Notizbuch)	9783743114302
Tradition (Notizbuch)	9783743114319
Antik Notizbuch (Notizbuch)	9783743114326
Veni Vidi Vici (Notizbuch)	9783743114340
Black List (Notizbuch)	9783743114371
Mystic Notes (Notizbuch)	9783743114388
Magic Notes (Notizbuch)	9783743114418
Fantasien (Notizbuch)	9783743114463
Creative Notes (Notizbuch)	9783743114487
Persönliche Notizen (Notizbuch)	9783743114494
Peter Pan (Notizbuch)	9783743114531
Rose (Notizbuch)	9783743114548
Quality Street (Notizbuch)	9783743114555
Rubin Notizen (Notizbuch)	9783743114647
Schmetterlinge (Notizbuch)	9783743114661
Ali Baba (Notizbuch)	9783743114678
The portrait of a Lady (Notizbuch)	9783743114692
Shakespeare (Notizbuch)	9783743114722
Brainstorming (Notizbuch)	9783743114739
Merlin (Notizbuch)	9783743114746
Rügen (Notizbuch)	9783743114784

Möchtest du über neue Bücher von Luisa Rose per email Informiert werden? Dann schicke eine Email mit ‚Newsletter' im Betreff an Luisa.Rose@t-online.de